VOANDO O QUERO-QUERO

T. G. KLOHN

Editor
Thiago Guagliardo Klohn

Capa e projeto gráfico
Thiago Guagliardo Klohn

---

k66v Klohn, Thiago Guagliardo
Voando o Quero-quero / Thiago Guagliardo Klohn. Joinville : Clube de Autores Publicações S/A, 2020.
42 p. ; 14,8 cm

ISBN: 978-65-00-05965-6

I. Título 1. Manual de voo. 2. Procedimentos operacionais 3. Volovelismo

CDU: 821.32.134.3 (006)

Clube de Autores Publicações S/A
Rua Otto Boehm, 48, Sala 08, América, Joinville – SC
https://www.clubedeautores.com.br/

SUMÁRIO

INTRODUÇÃO 5

IPE AERONAVES – *KW-1 QUERO-QUERO* 7

PRESSÃO DO PNEU 8

INFORMAÇÕES TÉCNICAS 8

NACELE 10

SISTEMA DE PRESSÃO ESTÁTICA E *PITOT* 12

VELOCIDADES 12
Velocidades 13
Velocidade calibrada 14
Marcas de velocímetro 15

PESOS E BALANCEAMENTO 15
Pesos 15
Peso do piloto 15

CENTRO DE GRAVIDADE 16
Limites do centro de gravidade 16

FATOR CARGA 17

VOO REBOCADO 17
Limitantes para reboque 17

VELOCIDADES, MASSAS E PLANEIO 18

INSPEÇÃO PRÉ-VOO 20

PROCEDIMENTOS NORMAIS 23
Verificação pré-decolagem 23
Reboque aéreo 24
Verificação pós-decolagem 24
Voo normal 24
Voo em velocidades baixas
e comportamento no estol 25
Estol com asas niveladas 25
Estois em curva 25
Aproximação e pouso 26
Operação com vento de través 26
Pouso com vento de través forte 27
Pouso fora do campo 28

ABANDONO E HANGARAGEM 28

PROCEDIMENTOS DE EMERGÊNCIA 29
Salto de paraquedas 29
Recuperação de parafuso 29
Perda da carlinga 29

PLACARES DE CABINE 30

TESTE DE CONHECIMENTOS 31

GABARITO 37

BIBLIOGRAFIA 38

LISTAS DE VERIFICAÇÃO 39

INTRODUÇÃO

Caro volovelista, esta obra traz condensado o manual de voo homologado da aeronave *KW-1 Quero-quero*, a fim de lhe apresentar fácil e resumidamente as informações essenciais à sua operação, tais como: dimensões, equipamentos, sistemas, performance, limitações, padrões operacionais, peso e balanceamento, e procedimentos de emergência. Tenha em mente, entretanto, que, por se tratar apenas de um material complementar e genérico, este livro não substitui em momento algum as publicações oficiais do fabricante da referida aeronave, sendo desses as palavras finais sobre qualquer assunto referente ao planador aqui apresentado e sobre sua operação segura. Assim esclarecido, não se responsabiliza o autor desta obra por quaisquer divergências e ou omissões.

Além da parte operacional e técnica sobre o *Quero-quero*, o leitor encontrará neste livro imagens ilustrativas de painéis e sistemas da referida aeronave, placares semelhantes aos afixados a bordo, listas de verificações (que podem ser recortadas, plastificadas e utilizadas em voo), tabelas com limitantes e gráficos de performance, e um questionário, com chave de respostas, para testar seus conhecimentos a respeito do planador *KW-1*, auxiliando-o nos estudos para a prova de equipamento que, via de regra, é exigida pelos clubes de volovelismo e aeroclubes.

Ao aeroclube de Bento Gonçalves e a Cassiano Pelegrini, por fornecerem subsídios sem os quais este manual não estaria completo, meus agradecimentos.

T. G. Klohn
13 de julho, 2020.

IPE AERONAVES – *KW1 QUERO-QUERO*

O *KW-1 Quero-quero* é um planador asa alta, semi-cantilever, monoplace, da classe *Standard*, categoria normal, de baixa performance, desenhado pelo engenheiro alemão Kuno Widemeir, na década de 1960, e comercializado entre 1975-1981, após pequenas modificações, pela Indústria Paraense de Estruturas Ltda. (IPE).

Feito em madeira, este planador de massa reduzida e pouca penetração no ar, possui cauda convencional, com estabilizador vertical fixo, asas de poliestireno, com longarinas de freijo e revestimento de contraplacado aeronáutico – onde estão instalados freios aerodinâmicos do tipo DFS,[1] que se abrem simultaneamente no extradorso e intradorso da asa.

A nacele do *Quero-quero* é relativamente pequena, sem ajuste de distância dos pedais e sem ajuste do encosto do assento. O acesso ao posto de pilotagem é por meio de uma carlinga removível e fixa por duas atarraxas de pressão.

O sistema de trem de pouso é composto por uma roda principal sob a fuselagem e uma roda na cauda, ambos fixos. A roda do trem de pouso principal tem freio mecânico do tipo "tambor" que pode ser acionado gradativamente por uma alavanca fixa ao manche.

---

1 *Deutsche Forschungsanstalt für Segelflug.*

PRESSÃO DO PNEU	
Principal	1.72 bar (25 psi)

O estabilizador vertical e o horizontal são feitos e chapeados com madeira. O leme direcional e o profundor são feitos de madeira armada e entelados.

O *KW-1* é homologado segundo a especificação EP-7601-01 na categoria normal para os requisitos brasileiros para homologação de planadores.

INFORMAÇÕES TÉCNICAS	
Envergadura	15 m
Área da asa	11,7 m^2
Alongamento	18
Comprimento	6,47 m
Altura	1,37 m
Peso vazio[2]	185 kg
Peso máximo	280 kg
Carga alar	21,3 kg/m^2
Máxima carga alar	23 kg/m^2
Diedro	1,5°

2 Podendo variar em 10 kg para mais ou para menos.

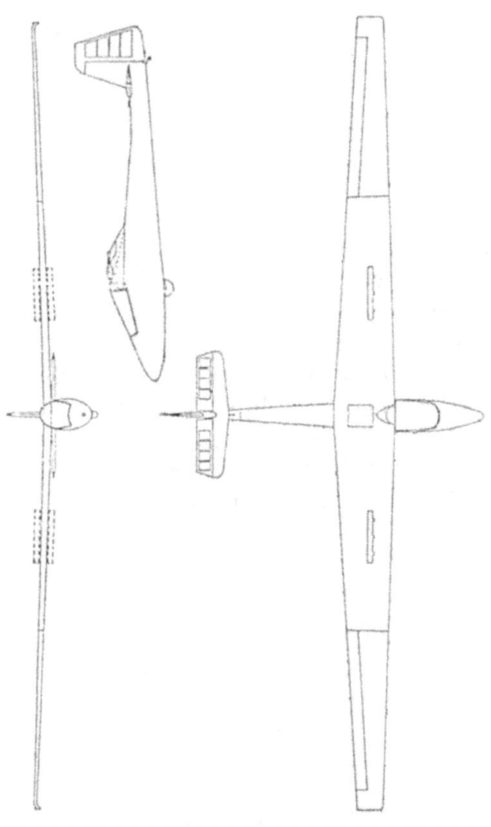

NACELE

A seguir a disposição dos componentes principais da cabine do *Quero-quero*:

(1) Painel de instrumentos.
(2) Desligador do cabo de reboque (amarelo).
(3) Freio da roda principal.
(4) Manete do freio aerodinâmico – todo para frente, freios aerodinâmicos recolhidos e travados; puxando-se 4 cm, destravam-se os freios aerodinâmicos; todo para trás freios completamente estendidos.
(5) Compensador do profundor: pica-se posicionando-o para frente; cabra-se, para trás.
(6) Alavanca de travamento e abertura da carlinga (uma em cada lateral da nacele).
(7) Duto de ventilação da cabine.

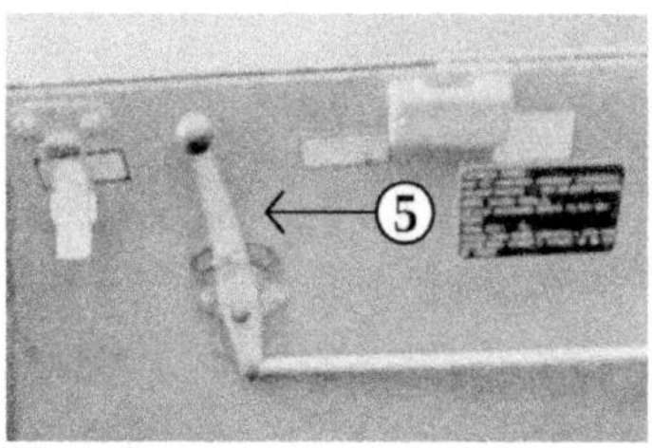

(No lado direito da nacele)

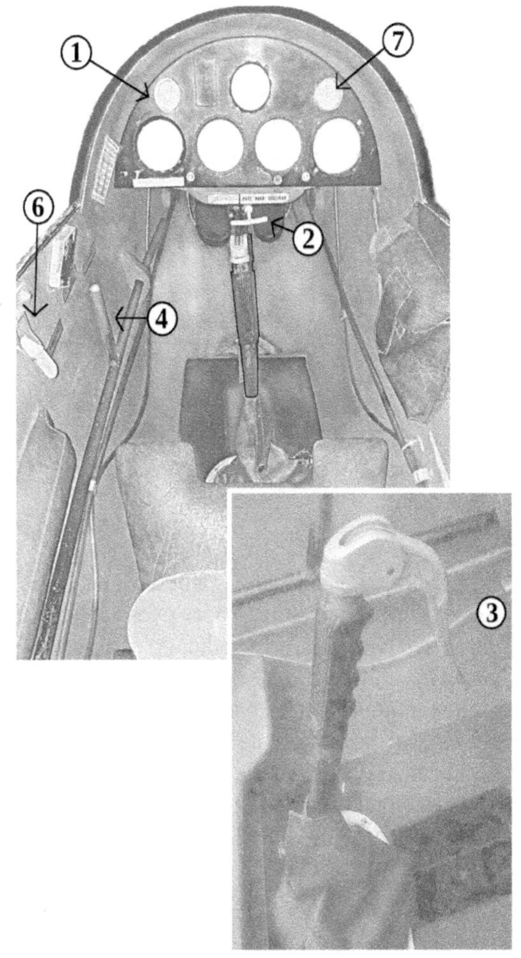
1
7
6
2
4
3

SISTEMA DE PRESSÃO ESTÁTICA E *PITOT*

As tomadas de pressão estática do *KW-1* estão atrás do painel. O tubo de *Pitot*, está embutido na entrada de ar no nariz do planador.

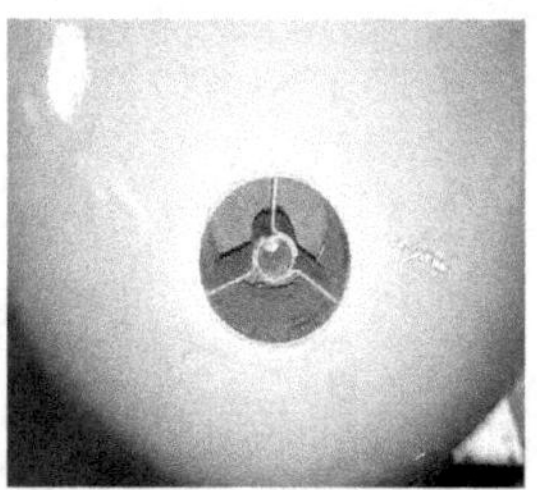

VELOCIDADES

Quanto às velocidades indicadas na página seguinte, essas são aproximadas e foram determinadas em voo a nível médio do mar em um planador com peso total de 280 quilos. Como é sabido, em qualquer aeronave, os referidos valores tendem a variar, para mais ou para menos, dependendo da altitude pressão, temperatura do ar e peso total do planador. Cabe, pois, ao piloto considerar por si as margens de segurança para tais velocidades, a fim de evitar condições indesejadas e a ultrapassagem de limites estruturais.

VELOCIDADES		IAS[3]
V_{NE}	Velocidade nunca exceder	159 km/h 85 kt 98 mph
V_{ABE}	Velocidade máxima para freios aerodinâmicos	142 km/h 76 kt 88 mph
V_{RA}	Velocidade em turbulência	127 km/h 68 kt 78 mph
V_{A}	Velocidade de manobra	127 km/h 68 kt 78 mph
V_{T}	Velocidade máxima de reboque	127 km/h 68 kt 78 mph
V_{BG}	Velocidade de melhor planeio	73 km/h 39 kt 45 mph
V_{MSR}	Velocidade de menor afundamento	62 km/h 33 kt 39 mph
V_{S}	Velocidade mínima de estol	56 km/h 30 kt 34 mph

3 *Indicated Air Speed.*

VELOCIDADE CALIBRADA

O gráfico abaixo traz os valores de correção para velocidade do *KW-1*, tendo por base o *Quero-quero* de matrícula experimental PP-ZQA.

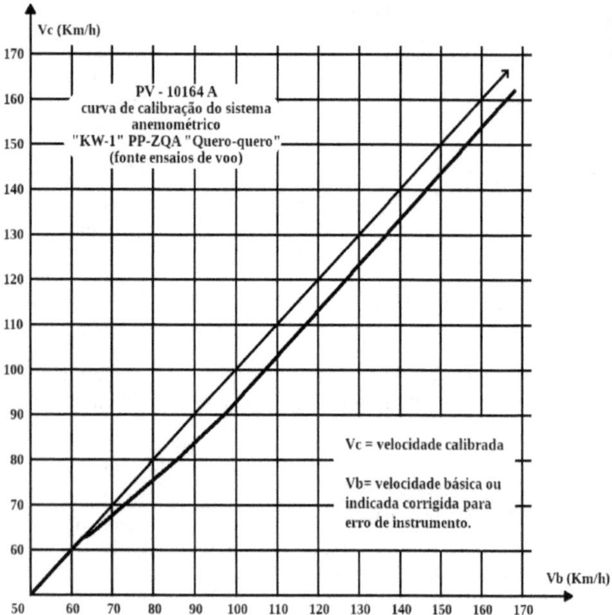

Observação: acima de 120 km/h não se deve largar o manche ou retirar os pés dos pedais.

MARCAS DO VELOCÍMETRO		
Marcas	Valores	Significado
Linha vermelha em:	159 km/h 86 kt 99 mph	Velocidade máxima operacional.

PESOS E BALANCEAMENTO

As tabelas a seguir estabelecem os parâmetros de segurança para peso e balanceamento do *KW-1*. Alerta-se, todavia, que os pesos aqui apresentados são valores genéricos, devendo o piloto valer-se da pesagem oficial que consta na ficha de pesagem mais atual da aeronave que pretende voar.

PESOS	
Peso vazio	185 kg
Carga útil	90 kg
Peso máximo de decolagem	280 kg
Peso mínimo de decolagem	249 kg

PESO DO PILOTO (incluindo paraquedas)	
mínimo	máximo
74 kg/164 lb	90 kg/198 lb

Observação: pilotos com peso inferior ao mínimo operacional, devem completá-lo com lastro.

CENTRO DE GRAVIDADE

Para a determinação do CG, siga a seguinte tabela:

LIMITES DO CENTRO DE GRAVIDADE	
Atitude do planador	Com o intradorso da asa em sua raiz nivelado.
Datum	Plano vertical a 2000 mm à frente do bordo de ataque da asa, em sua estação de fixação.
Máximo CG para frente (pesado de nariz)	2221 mm a partir da linha *datum* do planador.
Máximo CG para trás (pesado de cauda)	2275 mm a partir da linha *datum* do planador.

Observação: a verificação dos limites de centro de gravidade deve ser feita sem a interferência de correntes de ar.

FATOR DE CARGA

Os fatores de carga a seguir tabelados não podem ser excedidos:

FATOR DE CARGA	
Máximo positivo	+ 4,4 G
Máximo negativo	- 2 G

O planador *KW-1* está certificado apenas para voos visuais diurnos na categoria utilitária, sendo proibidas manobras acrobáticas, incluindo parafuso. Voo em nuvens são igualmente proibidos.

VOO REBOCADO

O voo rebocado deve ser feito observando-se os limites do fabricante, conforme tabela abaixo.

LIMITANTES PARA REBOQUE	
Velocidade máxima de reboque	127 km/h (68 kt, 78 mph)
Comprimento máximo da corda	70 m
Comprimento mínimo da corda	40 m
Material da corda	Nylon ou PVC

VELOCIDADES, MASSAS E PLANEIO

O gráfico abaixo fornece velocidades referentes à razão de planeio para o peso máximo operacional (280 kg) do *KW-1*. A velocidade de melhor planeio do *Quero-quero* experimental PP-ZQA foi de aproximadamente 74,9 km/h (40 kt, 46 mph), com afundamento mínimo de 0,659 m/s (129 fpm) e uma razão de planeio de 27,7:1.

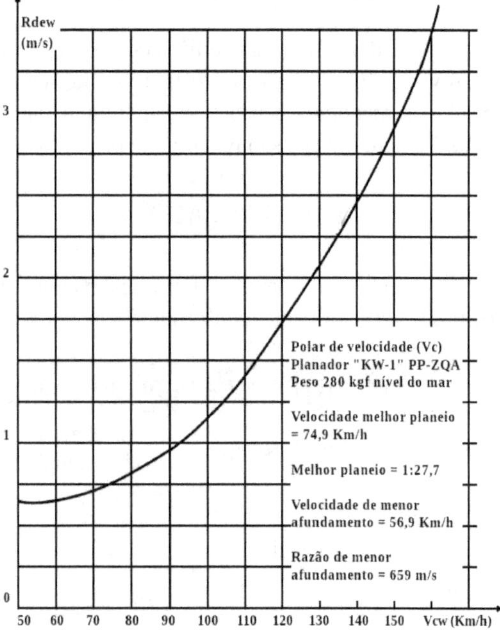

Entretanto, o mesmo manual homologado do *KW-1*, opta por considerar como seu melhor planeio **28:1** a **73 km/h** (39 kt, 45 mph) sendo esses os valores finais.

A velocidade de menor afundamento do Quero-quero é **62 km/h** (33 kt, 39 mph), mantendo nessa velocidade uma razão de **0,64 m/s**.

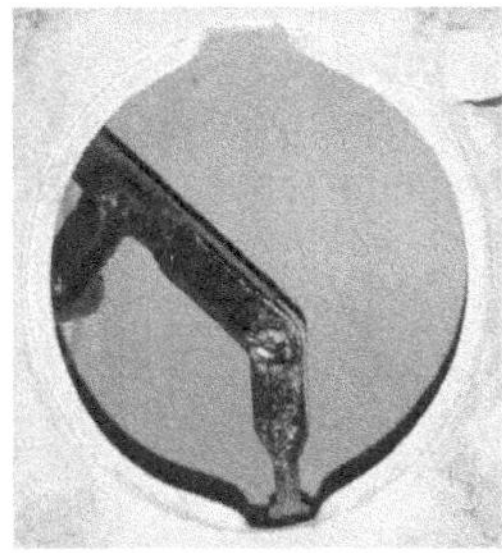

(Figura 1 – janela de inspeção sob a asa)

(Figura 2, janela de sobre a asa)

INSPEÇÃO PRÉ-VOO

A prática da inspeção pré-voo deve fazer-se presente em qualquer ramificação aeronáutica, tamanha a sua importância para a segurança de voo. Dados estatísticos comprovam que acidentes tendem ocorrer quando essas verificações são negligenciadas ou executadas de maneira descuidada pelo aeronauta.

A inspeção pré-voo do *KW-1 Quero-quero* obedece a seguinte sequência lógica:

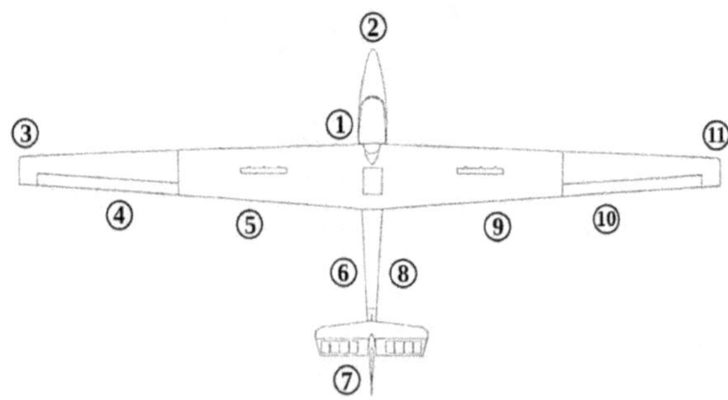

(1) Remova a carlinga, verifique os instrumentos no painel, o livre funcionamento dos comandos de voo (inclusive dos freios aerodinâmicos, do compensador do profundor e do desligador do cabo de reboque); examine o estado dos cintos de segurança; inspecione os lastros, se adequados e devidamente afixados; condições do assento;

procure por objetos estranhos na cabine. Do lado de fora, verifique a pressão do pneu em **25 psi** (1,7 bar) e o estado de suas bandas de frenagem; examine a carenagem entre a asa e a fuselagem; verifique a raiz da asa esquerda, seu intradorso, extradorso e bordo de ataque.

(2) Examine o revestimento do nariz e a entra de ar; remova a tampa do tubo de *pitot* e examine-o.

(3) Examine as extensões de ponta de asa; inspecione a janela de inspeção no intradorso da asa – pinos e contra-pinos (*Figura 1, página 19*); examine o bordo marginal e se há folga na semi-asa.

(4) Verifique a integridade e livre operação do *aileron*, bem como sua fixação e estado de seus pinos e contra-pinos.

(5) Examine o freio aerodinâmico se em boas condições e se fechando adequadamente.

(6) Examine a janela de inspeção do extradorso da asa.

Verifique a integralidade da fuselagem do lado esquerdo.

(7) Certifique-se que o estabilizador horizontal está devidamente instalado e travado – verifique a existência de folgas balançando-o gentilmente pelo bordo marginal; verifique a integridade e livre funcionamento do profundor; examine a janela de inspeção do comando do profundor (pino e contra-pino); examine o leme de direção e sua fixação; verifique os cabos de comando do leme direcional; examine as condições da bequilha e da sua fixação.

(Comando do profundor)

(8) Verifique a integralidade da fuselagem, principalmente na parte inferior.

(9) Repita o procedimento em (5).

(10) Repita o procedimento em (4).

(11) Repita o procedimento em (3).

PROCEDIMENTOS NORMAIS

É boa prática aeronáutica a utilização de listas de verificação antes e após mudanças de configuração da aeronave ou da condição de voo, a fim de se evitar esquecimentos e erros.

A seguir, apresentam-se sugestões de listas de verificação, bem como instruções operacionais para o voo do *Quero-quero*.

VERIFICAÇÃO PRÉ DECOLAGEM	
Peso e balanceamento?	Verificado
Paraquedas ajustado?	Ajustado
Cintos de segurança?	Ajustados
Comando de desligamento e instrumentos de voo?	Verificados
Freios aerodinâmicos verificados e travados?	Verificados e travados
Comandos livres e correspondentes?	Verificados
Compensador do profundor?	Ajustado
Carlinga fechada e travada?	Fechada e travada

Observação: a verificação do desligador deve ser feita engatando-se a corda e desligando-a a **30°** para cada lado.

REBOQUE AÉREO

O reboque aéreo do *KW-1* é feito pelo gancho instalado no nariz do planador. A velocidade máxima de reboque é de **127 km/h** (68 kt, 78 mph). Para o mesmo, deve ser utilizado cabo de nylon ou PVC com comprimento entre **40 e 70 metros**. A velocidade recomendada para reboque é entre **90 e 120 km/h** (49 e 65 kt / 56 e 75 mph).

Antes da decolagem, ajuste o compensador do profundor para neutro.

Para soltar o cabo de reboque, após a devida coordenação e se certificar que a área para onde vai curvar está livre, puxe o desligador amarelo em forma de "T" e faça a seguinte verificação:

VERIFICAÇÃO PÓS DECOLAGEM	
Hora do desligamento?	Anotada

VOO NORMAL

A velocidade de melhor planeio do *KW-1* é de **73 km/h** (39 kt, 45 mph), mas considerando a falta de indicação precisa no velocímetro, pode-se considerar **70 km/h**, penalizando-se o avanço em troca uma menor perda de altitude.

VOO EM VELOCIDADES BAIXAS E COMPORTAMENTO NO ESTOL

Para se familiarizar com o *Quero-quero* recomenda-se explorar sua velocidade de estol a uma altura segura, efetuando-se voos em linha reta. O *KW-1* possui reduzida margem de pré-estol e tendência de entrar em parafuso quando estola em curvas. Essas características exigem especial atenção do piloto durante curvas girando térmicas e principalmente no circuito para pouso.

ESTOL COM ASAS NIVELADAS

O pré-estol do *KW-1* se caracteriza por um breve *buffeting* (vibração causada pelo deslocamento da camada limite no extradorso das asas), seguido quase que imediatamente da perda de sustentação, com tendência de "queda de asa".

A recuperação de uma condição de estol ou pré-estol no *KW-1* se faz cedendo-se o manche à frente.

ESTOIS EM CURVA

Quando o estol ocorre durante uma curva coordenada, o *Quero-quero* tem tendência de entrar em parafuso para dentro da curva. O retorno a uma atitude normal de voo é mediante o adequado uso dos comandos: ceder o manche para frente, neutralizar a aplicação de *aileron*, centralizar os pedais, ou aplicá-lo no sentido contrário ao da rotação se necessário for.

APROXIMAÇÃO E POUSO

VERIFICAÇÃO PRÉ-POUSO	
Cintos de segurança?	Ajustados

A velocidade de aproximação para o *Quero-quero* é **100 km/h** (54 kt/62 mph) com utilização dos freios aerodinâmico.

Glissadas durante a aproximação para pouso não são aconselhadas no *KW-1* que, por possuir pouca massa, perde velocidade muito facilmente, podendo estolar numa condição de comandos cruzados e entrar em parafuso acidental à baixa altura.

A utilização dos freios aerodinâmicos a baixa altura, em velocidade inferior a **80 km/h** (43 kt/ 50 mph), pode provocar pouso placado.

Vale lembrar que o toque na pista deve ser suave, preferencialmente à menor velocidade possível, e "se deixando" o planador pousar, sem forçá-lo.

OPERAÇÃO COM VENTO DE TRAVÉS

Não há referências no manual homologado do *KW-1* quanto à velocidade máxima demonstrada para decolagens e pousos com vento de través. Entretanto, o Aeroclube de Bento Gonçalves adota, também para essa aeronave, um limite de **20 km/h** (**11 kt**) de componente de través.

POUSO COM VENTO DE TRAVÉS FORTE

Para aproximações finais com vento forte de través, em qualquer aeronave, é recomendo uma velocidade de aproximação um pouco maior que a usual, para garantir melhor controlabilidade. A glissagem lateral é outro recurso a se considerar no pouso com vento forte de través, abaixando-se a asa do lado que vem o vento e aplicando-se pedal para o lado oposto o suficiente apenas para se manter o alinhamento da pista. Já próximo ao solo o piloto deve desfazer esse tipo de glissagem a fim de evitar uma colisão da ponta de asa com o chão – glissagens nas aproximações devem ser feitas com muita cautela, como já mencionado, devido ao risco de estol com comando cruzados a baixa altura. Outra questão a se atentar é: em glissagens frontais, a leitura da velocidade fica inconstante e imprecisa, cabendo ao piloto lembrar de manter a atitude do planador sempre com o nariz baixo e em velocidade suficiente para não estolar.

POUSO FORA DO CAMPO

O toque com o solo em pousos em descampados deve ser feito na menor velocidade possível. Ao se pousar, deve-se aplicar o freio de roda conforme necessário. Sua eficácia é boa e diminui bastante a distância de pouso – ao se frear com a roda, deve-se manter o manche totalmente cabrado.

ABANDONO E HANGARAGEM

Após o voo limpe a nacele conforme necessário, remova o paraquedas e conecte os cintos do planador.

Do lado de fora verifique as condições do trem de pouso – limpe a graxa em locais inadequados e reponha ou lubrifique onde for preciso. Limpe o para-brisas e bordos de ataque das asas e estabilizadores.

Enxugue o planador, se molhado. Antes de colocar capas e tampas, certifique-se que o local onde serão postas esteja seco.

PROCEDIMENTOS DE EMERGÊNCIA

SALTO DE PARAQUEDAS

Após a remoção da carlinga, o piloto poderá saltar livremente depois de desvencilhar-se dos cintos de segurança e ficar em pé sobre seu assento. É importante somente puxar a alça de abertura do paraquedas a uma distância segura do planador. Em altitudes inferiores a **200 metros** (650 pés), comandar a abertura do paraquedas imediatamente.

RECUPERAÇÃO DE PARAFUSO

Como em qualquer avião a recuperação de um parafuso no *Quero-quero* consiste em: (1) ceder-se o manche para frente; (2) neutralizar-se a aplicação de *ailerons*; (3) aplicar-se o pedal para o lado contrário ao sentido da rotação do parafuso; (4) centralizar-se os pedais quando terminar a rotação; (5) recuperar-se o planador do mergulho sem comandos bruscos.

PERDA DA CARLINGA

Em eventual perda da carlinga, recomenda-se evitar velocidades muito baixas e muito altas. A velocidade ideal de planeio e de aproximação fica entre **100-110 km/h**.

PLACARES DE CABINE

Devem estar presentes os seguintes dizeres no painel de instrumentos do Quero-quero:

PLACAR 1

Categoria normal.

Carga útil = 90 kg.

Não são permitidas manobras acrobáticas, inclusive parafusos.

Em altas velocidades, manter os pés nos pedais.

Nunca exceder a VI = 159 km/h.

PLACAR 2

Lastro

Pilotos leves devem completar o peso com lastro para atingir o peso mínimo de 74 kgf na cabine.

TESTE DE CONHECIMENTO

1. Qual a fabricante do *KW1 Quero-quero*?
a) Companhia Aeronáutica Paulista (CAP)
b) Indústria Paraense de Estruturas Ltda. (IPE)
c) Indústria Aeronáutica Neiva

2. Qual a envergadura do *Quero-quero*?
a) 12 m b) 15 m c) 18 m

3. O comprimento do *KW-1* é de:
a) 6,47 m b) 8,62 m b) 11,2 m

4. Qual a altura do *KW-1*?
a) 0,7 m b) 1 m c) 1,37 m

5. O peso vazio do *KW-1* é de:
a) 185 kg b) 192 kg c) 202 kg

6. O peso máximo do *KW-1* é de:
a) 270 kg b) 280 kg c) 370 kg

7. A pressão ideal do pneu principal do *KW-1* é:
a) 1.72 bar (25 psi)
b) 1.80 bar (26 psi)
c) 2.10 bar (30 psi)

8. A velocidade não exceder (V_{NE}) do *KW-1* é:
a) 150 km/h b) 159 km/h c) 180 km/h

9. Em condições de atmosfera turbulenta a velocidade máxima a ser empregada é:
a) 150 km/h b) 142 km/h c) 127 km/h

10. A velocidade de manobra do *KW-1* é:
a) 142 km/h b) 130 km/h c) 127 km/h

11. A velocidade máxima de reboque a ser observada é:
a) 142 km/h b) 130 km/h c) 127 km/h

12. Qual a velocidade máxima para freios aerodinâmicos?
a) 150 km/h b) 142 km/h c) não há

13. Qual limite marca a linha vermelha no velocímetro?
a) A velocidade não exceder (V_{NE}).
b) A velocidade de estol.
c) A velocidade limite para atmosfera turbulenta.

14. A velocidade de melhor planeio do *KW-1* é:
a) 70 km/h b) 73 km/h c) 75 km/h

15. A velocidade de menor afundamento do *Quero-quero* é:
a) 50 km/h b) 56 km/h c) 62 km/h

16. A velocidade mínima de estol do *KW-1* é:
a) 50 km/h b) 56 km/h c) 62 km/h

17. Qual o peso máximo de decolagem?
a) 230 kg b) 250 kg c) 280 kg

18. Qual o peso mínimo de decolagem?
a) 219 kg b) 240 kg c) 249 kg

19. A carga útil do *Quero-quero* é:
a) 90 kg b) 95 kg c)102 kg

20. O peso mínimo do piloto para o *KW-1* é:
a) 70 kg b) 74 kg c) 80 kg

21. O peso máximo do piloto para o *KW-1* é:
a) 80 kg b) 90 kg c) 100 kg

22. O comprimento mínimo de corda para voo rebocado é de:
a) 20 m b) 30 m c) 40 m

23. O comprimento máximo de corda para voo rebocado é de:
a) 60 m b) 70 m c) 80 m

24. O fator de carga máximo do *KW-1* é:
a) +4.4 / -2 b) +5.5 / -2 c) +5.5 / -3

25. Manobras acrobáticas no planador *KW-1* são:
a) permitidas
b) proibidas, inclusive parafusos
c) permitidos apenas parafusos

26. A razão de menor afundamento do *KW-1* é de aproximadamente:
a) 0,46 m/s b) 0,64 m/s c) 0,87 m/s

27. A razão de planeio do *KW-1* é de aproximadamente:
a) 28:1 b) 30:1 c) 37:1

28. A verificação do desligador deve ser feita engatando-se a corda e desligando-a a um ângulo de ___ para cada lado.
a) 15° b) 30° c) 45°

29. A velocidade recomendada para reboque do *Quero-quero* fica entre:
a) 80-100 km/h
b) 90-120 km/h
c) 120-140 km/h

30. Qual a velocidade recomendada de aproximação do *KW-1*?
a) 120 km/h b) 100 km/h c) 90 km/h

31. Qual característica de voo do *KW-1* o piloto deve ter sempre em mente?
a) Perde velocidade muito rapidamente.
b) Seus freios aerodinâmicos são pouco eficientes.
c) Sua velocidade melhor planeio é muito próxima da V_{NE}.

32. A utilização dos freios aerodinâmicos próximo ao solo em velocidade inferior a 80 km/h ___
a) é o ideal para qualquer pouso.
b) pode provocar pouso placado.
c) é recomendável para condições de vento de través forte.

33. No evento da perda da carlinga em voo, a velocidade a ser mantida na aproximação deve ser entre:
a) 80-90 km/h
b) 100-110 km/h
c) 120-130 km/h

34. Qual publicação deve ser verificada a fim de pesagem e balanceamento do *KW-1*?
a) Qualquer obra que trate do assunto.
b) O manual de voo homologado de fábrica.
c) Qualquer aplicativo de peso e balanceamento específico para planadores.

35. Qual publicação tem a palavra final sobre qualquer assunto relacionado à operação padrão e segura do planador *KW-1*?
a) O manual de voo homologado de fábrica.
b) O regimento de voo do aeroclube.
c) Este manual ou qualquer outro similar.

GABARITO DO QUESTIONÁRIO

1. b (p. 7)
2. b (p. 8)
3. a (p. 8)
4. c (p. 8)
5. a (p. 8,15)
6. b (p. 8,15)
7. a (p. 8,21)
8. b (p. 13,15,30)
9. c (p. 13)
10. c (p. 13)
11. c (p. 13,17)
12. b (p. 13)
13. a (p. 13,15)
14. b (p. 13,19)
15. c (p. 13,19)
16. b (p. 13,18)
17. c (p. 15)
18. c (p. 15)
19. a (p. 15,30)
20. a (p. 15,30)
21. b (p. 15)
22. c (p. 17,24)
23. b (p. 17,24)
24. a (p. 17)
25. b (p. 17,30)
26. b (p. 18,19)
27. a (p. 19)
28. b (p. 23)
29. b (p. 24)
30. b (p. 26)
31. a (p. 25)
32. b (p. 26)
33. b (p. 30)
34. b (p. 5,15)
35. a (p. 5)

BIBLIOGRAFIA

_____ *Descrição Técnica e Manual de Operações – Informações requeridas pelo § 1.0.1, cap. 7 dos Requisitos Brasileiros de Homologação de Planadores) – Planador KW 1, Md 2, Quero Quero.* Indústria Paranaense de Estruturas: Curitiba, 1979.

_____ *Manual de vôo e operação para planadores modelo KW-1 Quero-quero.* Indústria Paranaense de Estruturas Ltda.

LISTAS DE VERIFICAÇÃO

INSPEÇÃO PRÉ-VOO

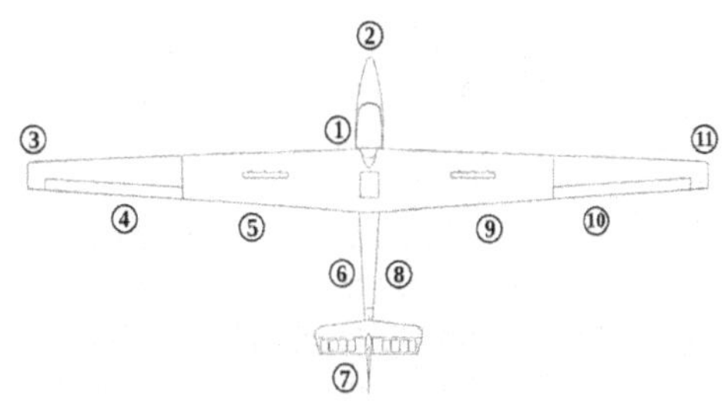

1- Carlinga; instrumentos no painel; comandos de voo; compensador do profundor, freios aerodinâmicos; desligador do cabo de reboque; cintos de segurança; lastros; assento; objetos estranhos. Do lado de fora: Pneu (25 psi/1,7 bar) e bandas de frenagem; carenagem entre asa e fuselagem; raiz da asa esquerda, seu intradorso, extradorso e bordo de ataque.

2 e **8**- Nariz e seu revestimento; entradas de ar; tubo de *pitot* – remover tampa.

3 e **11**- Semi-asas; janela de inspeção; bordo marginal.

4 e **10**- *Aileron* (estado e fixação).

5 e **9**- Freio aerodinâmico (estado e fechamento).

6- Janela de inspeção no extradorso da asa; fuselagem.

7- Estabilizador horizontal; profundor esquerdo; janela de inspeção do comando do profundor (estado e fixação); estabilizador vertical; leme direcional (estado e fixação) e seus cabos de comando; bequilha; profundor direito e estabilizador horizontal.

8- Fuselagem lado direito.

PÓS VOO – ABANDONO

1- Paraquedas removido, nacele limpa, cintos conectados.

2- Trem de pouso, lubrificado e limpo.

3- Para-brisas e bordos de ataque das asas e estabilizadores limpos.

4- Planador enxuto e tampas e capas colocadas.

VERIFICAÇÃO PRÉ-DECOLAGEM	
Peso e balanceamento?	Verificado
Paraquedas ajustados?	Ajustados
Cintos de segurança?	Ajustados
Comando de desligamento e instrumentos de voo?	Verificados
Freios aerodinâmicos verificados e travados?	Verificados e travados
Comandos livres e correspondentes?	Verificados
Compensador do profundor?	Ajustado
Carlinga fechada e travada?	Fechada e travada

BRIEFING DE EMERGÊNCIA
Perda de reta ou obstáculo na pista abortar decolagem;
Pane abaixo de 100 metros, pousar em frente procurando a melhor localização;
Pane acima de 100 metros, curvar para o lado do vento, retornando a pista.

VERIFICAÇÃO PÓS DECOLAGEM	
Hora do desligamento?	Anotada

VERIFICAÇÃO PRÉ-POUSO	
Cintos de segurança?	Ajustados

TABELA DE CONVERSÕES RÁPIDAS	
Metros	Pés
100	328
200	656
300	984
400	1312
500	1640
600	1968
700	2296
800	2624
900	2952

www.ingramcontent.com/pod-product-compliance
Lightning Source LLC
LaVergne TN
LVHW020528160826
845677LV00015B/3968

* 9 7 8 6 5 0 0 0 5 9 6 5 6 *